MÉTHODE ÉLÉMENTAIRE

ET CLASSIQUE

DE

PLAIN-CHANT ROMAIN

À L'USAGE DES SÉMINAIRES

PAR L'ABBÉ L. BAPTISTE

PROFESSEUR ET MAÎTRE DE CHAPELLE AU PETIT SÉMINAIRE
DE SAINT-GAULTIER

PARIS

LIBRAIRIE JACQUES LECOFFRE

ANCIENNE MAISON JACQUES LECOFFRE ET Cie

LECOFFRE FILS ET Cie, SUCCESSEURS
RUE BONAPARTE, 90

MÉTHODE ÉLÉMENTAIRE

ET CLASSIQUE

DE

PLAIN-CHANT ROMAIN

PARIS. — IMP. SIMON RAÇON ET COMP., RUE D'ERFURTH, 1.

MÉTHODE ÉLÉMENTAIRE

ET CLASSIQUE

DE

PLAIN-CHANT ROMAIN

COMPOSÉE SPÉCIALEMENT

POUR L'ÉDITION DE REIMS ET CAMBRAI

PAR

L'Abbé L. BAPTISTE

PROFESSEUR ET MAITRE DE CHŒUR AU PETIT SÉMINAIRE
DE SAINT-GAULTIER

PARIS

LIBRAIRIE JACQUES LECOFFRE

ANCIENNE MAISON PERISSE FRÈRES DE PARIS

LECOFFRE FILS ET Cⁱᵉ, SUCCESSEURS

RUE BONAPARTE, 90

—

1870

A SA GRANDEUR

MONSEIGNEUR DE LA TOUR D'AUVERGNE LAURAGUAIS

ARCHEVÊQUE DE BOURGES

MONSEIGNEUR,

Dès votre arrivée dans le diocèse de Bourges, Votre Grandeur a pris soin de faire connaître à son clergé quelle haute estime Elle professait pour la musique grégorienne, et l'un des premiers actes de votre Pontificat a été de ramener parmi nous l'unité de chant liturgique, en adoptant, à l'exclusion de toute autre, l'édition de Reims et Cambrai. Votre sollicitude s'étendant encore plus loin, vous vous êtes préoccupé de la manière dont s'exécutait le Plain-Chant, et vous avez bien voulu, Monseigneur, m'exprimer le désir d'avoir, pour les établissements de votre diocèse, un livre classique, une méthode, qui, tenant compte des travaux récemment publiés sur cette matière, présentât sous une forme élémentaire les règles traditionnelles du chant grégorien.

Afin de réaliser du mieux qu'il m'était possible le vœu de Votre Grandeur, j'ai voulu d'abord me bien pénétrer du principe sur lequel est basée la doctrine du Plain-Chant. Me défiant avec raison de mes propres lumières, j'ai consulté les ouvrages spéciaux qui, dans ces derniers temps, ont le mieux réussi à reproduire la doctrine des anciens maîtres. Je me suis surtout inspiré des

2

ouvrages de M. Gontier, chanoine du Mans, qui m'ont paru résoudre le problème difficile : Quel est le Rhythme du Plain-Chant ? Ces ouvrages ont obtenu les plus hautes approbations, entre autres celle du T. R. P. Abbé de Solesmes qui va jusqu'à dire que M. Gontier *a mis au jour la seule véritable théorie de l'exécution du chant grégorien*, et l'on peut affirmer sans crainte que cette théorie, cette méthode n'est pas la méthode de tel ou tel auteur, de telle ou telle édition, mais que c'est LA MÉTHODE, la seule qui repose sur un principe, savoir, le principe du rhythme libre ou prosaïque, de la récitation naturelle, de la note n'ayant qu'une valeur de récitation. Ce principe est le seul au moyen duquel on puisse interpréter les neumations des dixième, onzième et douzième siècles, aussi bien que les notations carrées des siècles suivants ; seul il donne une exécution naturelle, respecte le texte liturgique, et fait ressortir toutes les beautés des mélodies grégoriennes.

Convaincu du principe, exercé à en appliquer les conséquences, je me suis mis à l'œuvre, Monseigneur, et j'ai réuni sous une forme aussi élémentaire que possible les règles du chant liturgique. De plus, afin que ce travail fût moins indigne de son objet, je l'ai soumis à la critique et aux corrections d'hommes profondément versés dans la science du chant grégorien.

Tels sont, Monseigneur, les moyens que j'ai pris pour composer cette méthode et remplir les intentions de Votre Grandeur. Puisse cet opuscule, entrepris pour la gloire de Dieu, pour l'honneur et la dignité de notre sainte Liturgie, mériter d'être agréé comme un témoignage du profond respect et de la parfaite soumission avec lesquels j'ai l'honneur d'être,

Monseigneur,

de Votre Grandeur, le très-humble et très-obéissant serviteur,

BAPTISTE.

APPROBATION

DE MONSEIGNEUR L'ARCHEVÊQUE DE BOURGES

———

Charles-Amable DE LA TOUR D'AUVERGNE LAURAGUAIS,

Par la miséricorde divine et la grâce du Saint-Siège apostolique, Patriarche, Archevêque de Bourges, Primat des Aquitaines, etc.

Sur le rapport qui Nous a été fait par la commission chargée d'examiner la *Méthode élémentaire et classique de Plain-Chant Romain* composée par monsieur l'abbé Baptiste, professeur au petit séminaire de Saint-Gaultier,

Nous approuvons cette Méthode pour servir seule à l'enseignement du chant liturgique dans tous les établissements de notre diocèse.

Cette *Méthode* nous paraît réaliser pleinement le vœu qu'a exprimé le Congrès de Plain-Chant tenu à Paris en 1860 et qui a été formulé dans les termes suivants : « Que « l'on adopte dans les séminaires la méthode qui tiendra « mieux compte de la nature du Plain-Chant, de sa tona- « lité, de la distinction de ses modes, de sa destination, de « son rhythme, de sa mélodie, de son style ; nous repous- « sons toute méthode qui reposerait sur l'exécution à notes « égales ou de valeur proportionnelle. »

Aussi nous recommandons ladite *Méthode* à tous ceux qui voudront connaître les vrais principes qui doivent présider à l'exécution des mélodies grégoriennes, et nous pensons qu'elle ne sera pas sans intérêt, même pour les hommes sérieux qui ont fait des études spéciales sur le chant ecclésiastique.

Nous approuvons également le *Psautier noté* du même auteur. Destiné à faciliter l'application des règles de la Psalmodie, ce petit manuel atteindra son but et contribuera efficacement à établir l'ensemble et l'uniformité si désirables dans le chant des psaumes.

Donné à Bourges, en notre Palais Archiépiscopal, sous notre seing, le sceau de nos armes et le contre-seing du secrétaire de notre Archevêché, le 6 juillet 1869.

† C. A. *Arch. de Bourges.*

Par Mandement de Sa Grandeur,

P. PARÉ,
Secrét. de l'Arch.

MÉTHODE ÉLÉMENTAIRE

ET CLASSIQUE

DE

PLAIN-CHANT ROMAIN

DÉFINITION DU PLAIN-CHANT

Le Plain-Chant romain peut se définir :

Une musique du genre diatonique, dont le rhythme, essentiellement libre, est celui du discours, et que l'Église Romaine a adoptée pour sa liturgie.

L'ensemble de l'ouvrage donnera l'intelligence de cette définition.

Le plain-chant romain s'appelle aussi *chant grégorien,* parce qu'il a été restauré, complété et perfectionné par le pape S. Grégoire le Grand.

Nous diviserons cette méthode en deux parties :

Première partie. — Écriture, gamme et modes du Plain-Chant.

Deuxième partie. — Exécution du Plain-Chant.

PREMIÈRE PARTIE

ÉCRITURE, GAMME ET MODES DU PLAIN-CHANT

CHAPITRE PREMIER

ÉCRITURE DU PLAIN-CHANT

Les signes d'écriture du plain-chant sont au nombre
de sept, savoir : les Notes, la Portée, les Clefs, le Bémol,
le Bécarre, les Barres et le Guidon.

1° Notes. — On appelle *notes* les signes de formes di-
verses dont on se sert pour représenter les sons du Plain-
Chant. En voici le nom avec la forme, telle que nous la trou-
vons communément en usage.

La Carrée

La Caudée

La Losange

La Maxime ou double-carrée

2° Portée. — Les notes se placent sur une *portée* de
quatre lignes horizontales, tant sur les lignes que dans les
interlignes, de cette manière :

Si la portée ne suffit pas, on ajoute, soit au-dessus, soit
au-dessous, des lignes supplémentaires :

3° CLEFS. — La *clef* est un signe d'écriture qui se place en tête de la portée pour indiquer le nom des notes.

Il y a, dans le plain-chant, deux clefs : la clef d'*ut* et la clef de *fa*.

Pour en comprendre l'usage, il faut savoir que les notes, au nombre de sept, forment une série ascendante ainsi composée : UT, RÉ, MI, FA, SOL, LA, SI, et une série descendante inverse, SI, LA, SOL, FA, MI, RÉ, UT.

La clef d'*ut* se place sur la 4ᵉ, la 3ᵉ ou la 2ᵉ ligne (les lignes se comptent de bas en haut), et signifie que la note écrite sur ces lignes est *ut*; les autres notes se groupent, au-dessus et au-dessous, dans l'ordre indiqué plus haut :

La clef de *fa* se place sur la 3ᵉ, ou sur la 2ᵉ ligne, et signifie que la note écrite sur ces lignes est *fa*; les autres notes se groupent, au-dessus et au-dessous, également dans l'ordre indiqué plus haut :

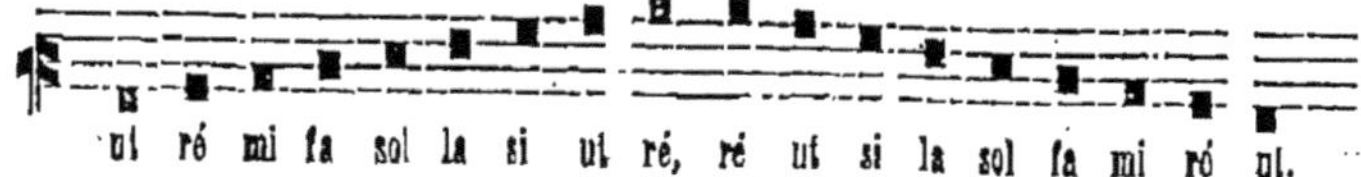

On peut remarquer que la clef de *fa* placée sur la deuxième ligne produit le même résultat que la clef d'*ut* sur la quatrième.

4° BÉMOL. — De *mi* à *fa* et de *si* à *ut*, la distance du son n'est régulièrement que la moitié de celle qui sépare chacune des autres notes de la note voisine. Cette distance, ou *intervalle*, se nomme *demi-ton ;* les autres sont donc des intervalles de *ton*.

Le *bémol* ♭ est un signe qui se place devant la note *si* pour annoncer que le demi-ton, au lieu d'être entre *si* et *ut*, se trouve momentanément entre *la* et *si ;* alors il y a un ton plein entre *si* et *ut*.

5° BÉCARRE. — Le *bécarre* ♮ se met devant le *si* pour détruire l'effet du bémol, en replaçant le demi-ton entre *si* et *ut*.

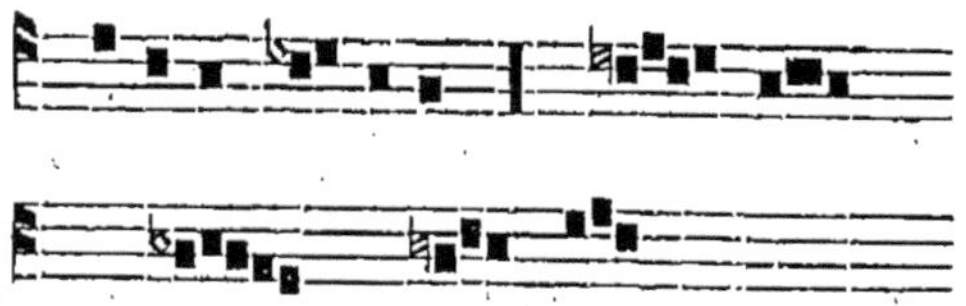

Dans l'édition de Reims, le signe du bémol étend son influence sur tous les *si* qui se rencontrent jusqu'à la barre suivante, après laquelle le *si* redevient naturel, supposé que le bémol ne soit pas écrit de nouveau.

L'intonation du *fa* doit quelquefois être élevée d'un demi-ton, par exemple, à la fin de presque toutes les stances du *Lauda Sion*, à la fin du 1er vers de l'hymne *Verbum Supernum*. (Office du S. Sacrement.) Généralement cette élévation n'est pas indiquée; cependant certains livres de chant emploient à cet effet le *dièse* ♯, signe d'écriture emprunté à la musique moderne.

6° BARRES. — Les *barres* sont des lignes verticales qui traversent la portée, en tout ou en partie; elles indiquent, dans l'édition de Reims, les endroits où se font les repos.

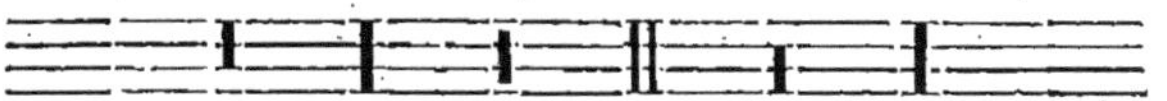

On verra plus tard quel usage il faut faire de ces différentes espèces de barres.

7° GUIDON. — Le *guidon*, ⌐ ou ⌐, petite note caudée et oblique, se place à la fin d'une portée pour annoncer la note qui commence la portée suivante. (Voyez les livres notés, à la première page venue.)

Le guidon s'emploie également pour annoncer la première note qui suit un changement de clef, dans le courant d'un morceau.

Le changement de clef a pour but d'éviter les lignes supplémentaires.

CHAPITRE II

GAMME DU PLAIN-CHANT

La GAMME est l'échelle des sons dont il a été parlé au chapitre précédent.

Les degrés de cette échelle sont : UT, RÉ, MI, FA, SOL, LA, SI, qui se complètent par la répétition, à l'aigu, du premier son UT, et forment les huit notes de la *gamme diatonique*, renfermant cinq tons et deux demi-tons.

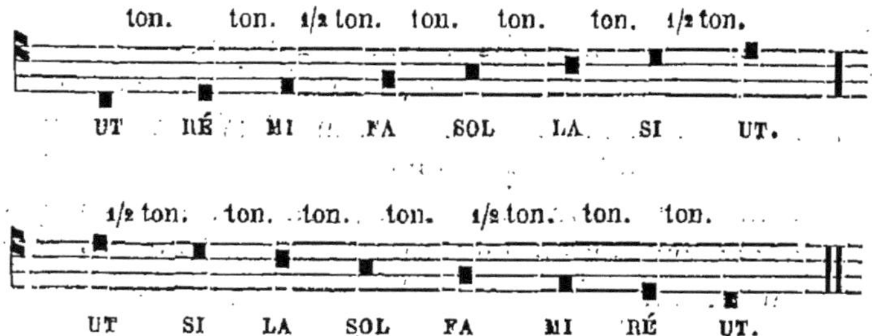

INTERVALLES. — Les sons de la gamme sont séparés les uns des autres par des *intervalles*.

Entre deux notes placées sur deux degrés consécutifs de l'échelle des sons, il y a un intervalle de *seconde*. (Nommer les intervalles de seconde sur la gamme qui précède.)

Les notes séparées par des degrés intermédiaires donnent :

La *tierce*, intervalle compris entre trois degrés :

La *quarte*, intervalle compris entre quatre degrés :

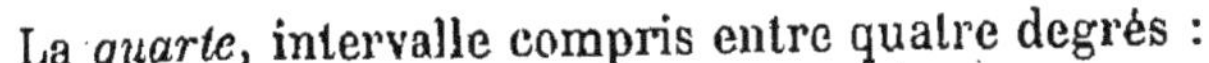

La *quinte*, intervalle compris entre cinq degrés :

La *sixte*, intervalle compris entre six degrés :

La *septième*, intervalle compris entre sept degrés :

L'*octave*, intervalle compris entre huit degrés :

Intervalles conjoints et intervalles disjoints. — L'intervalle de seconde est toujours *conjoint*, les autres sont *conjoints* ou *disjoints* : conjoints, lorsque les degrés intermédiaires sont exprimés ; *disjoints*, lorsque la voix franchit l'intervalle sans exprimer les degrés intermédiaires.

Quartes conjointes.

Quintes conjointes.

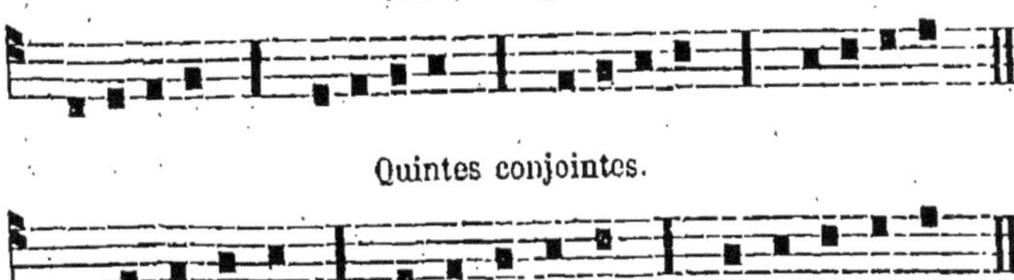

Intervalles majeurs et intervalles mineurs. — Les intervalles sont *majeurs* ou *mineurs.*

La seconde, la tierce et la quarte sont majeures, quand elles n'ont pas de demi-ton; mineures, quand elles en ont un.

La quinte, la sixte et la septième sont majeures, quand elles n'ont qu'un demi-ton ; mineures, quand elles en ont deux.

Plus communément on dit, au lieu de quarte majeure, *quarte augmentée;* au lieu de quarte mineure, *quarte juste.* De même; au lieu de quinte majeure, on dit *quinte juste,* et au lieu de quinte mineure, *quinte diminuée.*

(Nommer, sur les exemples précédents, les intervalles, soit majeurs, soit mineurs.)

L'octave, renfermant toujours les cinq tons et les deux demi-tons de la gamme, ne varie pas. Mais on dit qu'une gamme est majeure, quand elle commence par une tierce majeure; mineure, quand elle commence par une tierce mineure.

Les intervalles disjoints de quarte majeure ou *triton,* et de septième sont exclus du plain-chant. Ceux de quinte mineure, de sixte et d'octave sont très-rarement employés.

On trouvera, dans les exercices suivants, tous les intervalles usités dans le chant romain.

EXERCICES SUR LES INTERVALLES

SECONDES

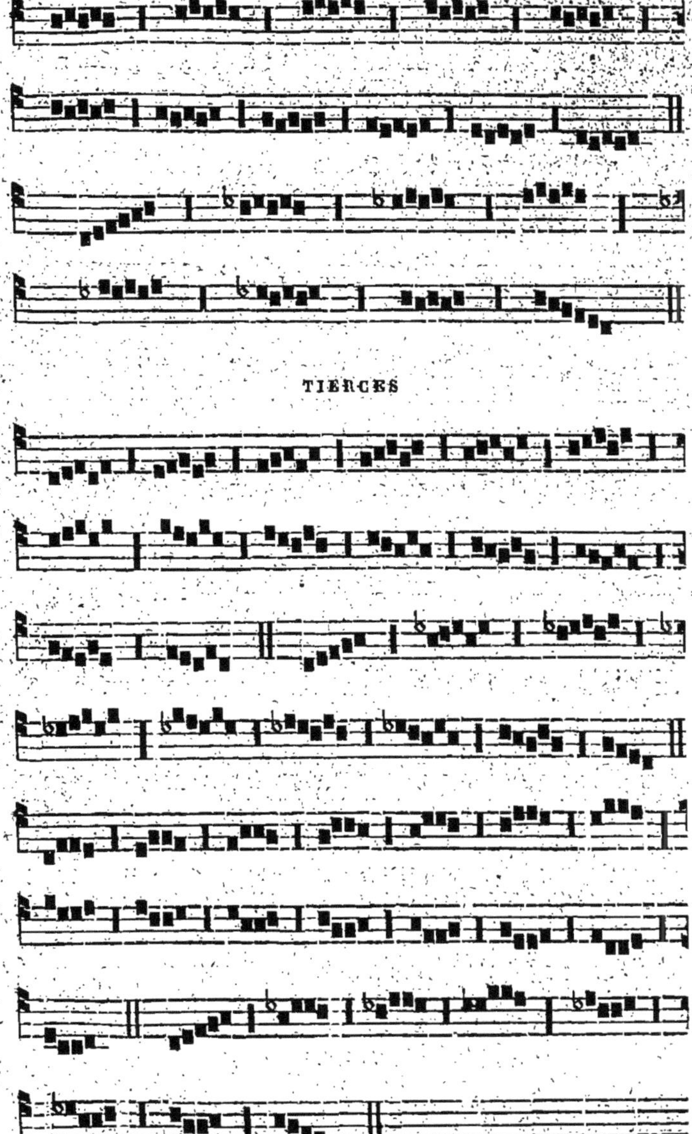

TIERCES

QUARTES

QUINTES

CHAPITRE III

MODES DU PLAIN-CHANT

Modes. — Les mélodies du plain-chant ont cela de commun entre elles, qu'elles sont toutes composées des intervalles de la gamme diatonique dont on vient de parler.

En dehors de ce rapport général, résultant de la similitude des intervalles, il existe entre certaines mélodies une relation particulière, fondée principalement sur ce qu'elles roulent autour de la même note, et qu'elles ont également la même note pour le repos final, ce qui leur donne une même physionomie, un *mode*, ou manière d'être, semblable.

FINALE ET DOMINANTE. — On appelle *dominante* la note autour de laquelle roule principalement la mélodie, et *finale* la note sur laquelle la mélodie vient se reposer en terminant.

Ces deux notes, la finale et la dominante, sont celles qui aident le plus à déterminer la manière d'être, ou le *mode*, de la mélodie, et plusieurs mélodies doivent être considérées comme étant du même mode, lorsqu'elles ont la même finale et la même dominante.

On emploie souvent le mot *ton* comme synonyme de *mode*. Ainsi on dit : *premier ton, deuxième ton,* pour *premier mode, deuxième mode.*

NOMBRE DES MODES. — Dans le plain-chant, toutes les notes de la gamme diatonique peuvent servir de finales.

Les finales ordinaires sont *ré, mi, fa, sol.*

Les autres, *la, si, ut,* sont plus rares. Comparées aux finales *ré, mi, fa,* les finales *la, si, ut,* se trouvent produire à l'oreille un effet identique, par la raison qu'elles forment, avec les notes voisines, les mêmes intervalles et donnent les mêmes cadences. Ainsi, par exemple :

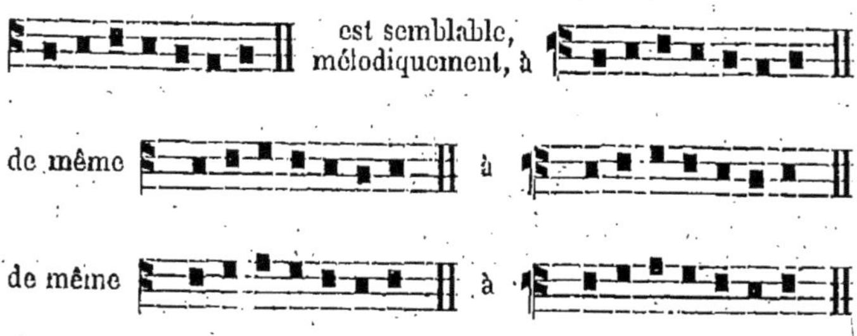

Par conséquent, lorsqu'il s'agit de distinguer les différents modes, on doit considérer comme identiques les finales *ré* et *la*, de même *mi* et *si*, de même *fa* et *ut*, ce qui réduit à quatre le nombre des finales : la 1re, *ré* ou *la;* la 2e, *mi* ou *si;* la 3e, *fa* ou *ut;* la 4e, *sol.*

Si, pour diversifier les modes, on n'avait égard qu'à la différence des finales, on aurait quatre modes seulement. Mais la différence des dominantes vient à son tour varier le caractère ou la manière d'être des mélodies, et doubler, comme nous allons le voir, le nombre des modes.

Les chants qui ont la même finale n'ont pas tous la même dominante. Pour les uns, la dominante est régulièrement à une quinte au-dessus de la finale; pour les autres, à une tierce. Dans le premier cas, le mode est dit *authentique*, ou primitif; dans le second, *plagal*, ou dérivé.

Ainsi :

1er *et* 2e *modes*. — Avec la finale *ré*, la dominante est tantôt *la*, ce qui donne le 1er mode, lequel est authentique; tantôt *fa*, ce qui donne le 2e mode, lequel est plagal.

3e *et* 4e *modes*. — Avec la finale *mi*, la dominante du mode authentique, qui est le 3e de la série, devrait être *si*. Mais cette note peut varier d'un demi-ton, et il faut pour la dominante, on le comprend, une corde fixe : c'est pourquoi, au lieu de la quinte *si*, ce mode aura la sixte *ut* pour dominante. Le mode plagal correspondant, qui est le 4e de la série, avec cette même finale *mi*, prend une dominante également exceptionnelle, *la* au lieu de *sol.*

5e *et* 6e *modes*. — Avec la finale *fa*, les dominantes sont régulières : pour l'authentique, ou 5e mode, *ut;* pour le plagal, ou 6e mode, *la.*

7e *et* 8e *modes*. — Avec la finale *sol*, la dominante du mode authentique, ou 7e mode, est la quinte *ré*. Celle du plagal, ou 8e mode, devrait être *si;* comme au 3e mode et pour la même raison, elle est *ut.*

Maintenant, si, au lieu de *ré*, la finale était *la*, la dominante de l'authentique serait *mi*; celle du plagal, *ut*.

Si, au lieu de *mi*, la finale était *si*, ce qui arrive très-rarement, la dominante de l'authentique serait *sol*; celle du plagal, *mi̅*.

Si enfin, au lieu de *fa*, la finale était *ut*, on aurait, pour dominante de l'authentique, *sol*, et pour dominante du plagal, *mi*.

Voici le tableau des huit modes, avec leurs finales et leurs dominantes respectives :

MODES	FINALES	DOMINANTES
1ᵉʳ Authentique.	RÉ OU LA.	LA OU MI.
2ᵉ Plagal.	RÉ OU LA.	FA OU UT.
3ᵉ Authentique.	MI OU SI.	UT OU SOL.
4ᵉ Plagal.	MI OU SI.	LA OU MI.
5ᵉ Authentique.	FA OU UT.	UT OU SOL.
6ᵉ Plagal.	FA OU UT.	LA OU MI.
7ᵉ Authentique.	SOL.	RÉ̅.
8ᵉ Plagal.	SOL.	UT.

L'antienne *Læva ejus* et toutes celles du même type mélodique, qui terminent sur le *la*, appartiennent au quatrième mode, comme si elles se terminaient sur le *mi*, parce que *la* avec *si♭* à la cadence finale, est identique à *mi*. Or, les antiennes susdites ont toutes, ou de fait, ou virtuellement, le *si♭* à la cadence finale. — Pour la même raison, la communion *Beatus servus*, terminant en *la* avec *si♭* à la cadence finale, sera du troisième mode.

Remarque. — Il est bon d'observer que, dans l'édition de Reims, on appelle IXᵉ, Xᵉ, XIᵉ, XIIᵉ, XIIIᵉ et XIVᵉ modes, ceux qui ont *la*, *si*, *ut*, pour finales : les nombres impairs désignant l'authentique; et les nombres pairs, le plagal, comme pour les huit modes universellement reconnus.

ÉTENDUE DES MODES. — Le tableau suivant présente chaque mode dans toute son étendue et avec toutes ses notes; la finale est représentée par une caudée, et la dominante par une maxime.

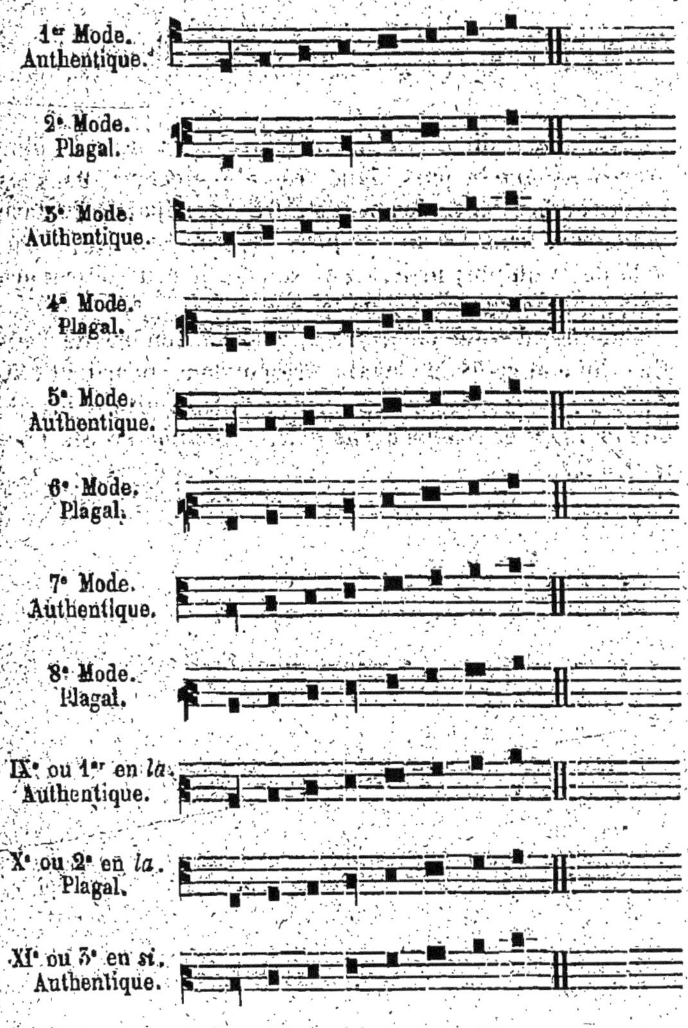

L'étendue ordinaire d'une mélodie, de sa note la plus
grave à sa note la plus aiguë, est d'une octave. Dans les
modes authentiques, le chant s'élève de la finale à l'octave
au-dessus. Dans les modes plagaux, il ne s'élève pas au
delà de la quinte; mais, en revanche, il peut descendre
d'une quarte au-dessous de la finale.

Une mélodie qui embrasse à la fois l'étendue de l'authentique et celle du plagal correspondant appartient aux
deux modes et est appelée *mixte :* telles sont les proses
Lauda Sion et *Victimæ paschali*, l'*Alleluia* de St. Lau-
rent, etc.

DEUXIÈME PARTIE

EXÉCUTION DU PLAIN-CHANT

Les chants liturgiques sont de deux sortes. Les uns n'ont qu'une note sur chaque syllabe, et se nomment CHANTS SYLLABIQUES; les autres en ont plusieurs, et se nomment CHANTS MÉLODIQUES.

Nous diviserons cette deuxième partie en quatre chapitres : 1° chant syllabique; 2° chant mélodique; 3° psalmodie; 4° chant des hymnes et des proses.

CHAPITRE PREMIER

CHANT SYLLABIQUE

LECTURE DE LA PROSE LATINE

RÈGLE. — *Dans le chant syllabique, la note simple, quelle que soit sa forme, a exactement la valeur de la syllabe correspondante.*

Nous disons : la note *simple*, c'est-à-dire la carrée, la caudée ou la losange; car la note maxime représente un son dont la durée est double. Cette durée de la maxime ne doit cependant pas se calculer mathématiquement : elle consiste à ralentir le mouvement à partir de la note maxime jusqu'à la fin du mot, plutôt qu'à le suspendre exclusivement sur cette note.

La règle générale qui vient d'être énoncée suppose une

prononciation correcte de la langue latine, et nécessite un exposé des principes d'une bonne lecture.

Mais il faut distinguer d'abord deux sortes de textes sur lesquels s'exerce le chant ecclésiastique. Les uns sont en prose, et ont par conséquent le rhythme oratoire ou prosaïque; les autres sont en vers, et ont le rhythme poétique ou mesuré.

Ce qui constitue le rhythme en général, c'est la succession des temps forts, des temps faibles et des temps vides ou divisions de la phrase. Quand ces trois éléments du rhythme ont une durée proportionnelle et qu'ils se succèdent dans un ordre régulier, c'est le rhythme poétique; si au contraire les durées ne sont pas proportionnelles et que la succession des temps forts, des temps faibles et des temps vides ne soit pas régulière, c'est le rhythme oratoire.

Or, la plupart des textes liturgiques dont il est ici question sont en prose; ils doivent donc être récités d'après les règles du rhythme oratoire ou prosaïque.

LECTURE DE LA PROSE LATINE

Ce qui caractérise la lecture, ou, pour mieux dire, le rhythme de la prose latine, c'est le retour irrégulier, la succession intermittente des *syllabes accentuées*, des *syllabes non accentuées* et des *temps vides*.

ARTICLE I

SYLLABE ACCENTUÉE

Dans tout mot latin représentant par lui-même une idée précise, ayant une signification déterminée, il y a une syllabe sur laquelle se porte principalement l'effort de la voix : cet effort, cette impulsion de la voix se nomme *accent*, et la syllabe qui en est affectée est dite *accentuée*.

L'accent se fait par une impulsion de la voix qui donne
à la syllabe plus de force, plus d'éclat, mais sans allonge-
ment intentionnel. Il est difficile, on peut même dire impossible, que cette impulsion de la voix n'augmente un
tant soit peu la durée de la syllabe : *syllaba acuta videtur
semper longior*, dit le P. Kircher; mais, suivant l'expression du même auteur, c'est dans l'oreille de l'auditeur
plutôt que dans la bouche du lecteur que se fait cette pro-
longation. Dans tous les cas, c'est sans égard pour la quantité prosodique.

La quantité attribuée aux syllabes par les poëtes n'a
jamais été et ne saurait jamais être la règle de prononciation de la prose. Elle sert seulement, comme nous allons
le voir, à déterminer la place de l'accent, dans les mots qui
ont trois syllabes ou plus.

Règles de l'accentuation latine.

1° Tout mot latin, même monosyllabe, qui a par lui-
même une signification déterminée, porte l'accent : *mé,
té, nós, vós, fác, díc, ést, súnt, lúx, sól, síc, núnc;*

2° Dans les mots de deux syllabes, c'est la première qui
reçoit l'accent : *páter, nóster, áve, pléna, mánus, túas,
Déus, nóbis;*

3° Dans les mots de plus de deux syllabes, c'est la
pénultième qui reçoit l'accent, si elle est longue en pro-
sodie : *cœlórum, virtútes, dispónet, sermónes, scabéllum,
redemptiónem, sanctificétur.*

Si la pénultième est brève, l'accent se rejette sur l'antépénultième, jamais au delà : *Dóminus, fílius, córporis,
pécora, cíthara, órgano, divítiæ, justítia, muliéribus.*

4° Les pénultièmes formées de deux consonnes, dont la
seconde est *l* ou *r*, reçoivent l'accent, si la voyelle est
longue de sa nature; mais lorsque ces pénultièmes sont
traitées comme douteuses par les poëtes, l'accent se reporte

toujours à l'antépénultième : *céntuplum*, *vólucres*, *lócu-ples*, *ténebræ*.

5° Les génitifs en *ius* ont l'accent sur la pénultième, bien que les poëtes fassent quelquefois brève cette syllabe : *solíus*, *alíus*, *uníus*, *totíus*, *illíus*.

On excepte *altérius*, dont l'accent est à l'antépénultième

6° Les noms propres en *ius*, vocatif *i*, gardent à ce cas l'accent sur la syllabe qui le portait au nominatif : *Antóni*, *Gregóri*, *Ambrósi*, *Athanási*.

7° Les trois particules *que* conjonctif, *ve* disjonctif, *ne* dubitatif, attirent l'accent sur la dernière syllabe du mot auquel elles sont jointes : *Filióque*, *armáque*, *aliáve*, *ho-minésne*, *feræne*.

Ne simplement interrogatif, ainsi que les particules in-séparables, comme *nam*, *dem*, *met*, etc., et la préposition *cum*, placée après son régime, sont considérées comme formant un seul tout avec le mot qui les précède, et l'ac-cent se place d'après les règles générales, *putásne*, *rectène*, *júrene*, *hǽccine*, *ibídem*, *úbinam*, *égomet*, *vobíscum*.

Mots privés de l'accent. — Les mots qui n'ont pas ordi-nairement l'accent sont :

1° Les prépositions et les conjonctions, quand elles sont placées dans l'ordre naturel du discours : *inter tántos*, *et cum spíritu*, *tamen ad informándam*.

Placées dans un ordre inverse, elles ont l'accent : *tu áutem*, *quos ínter*, *ecce énim*, *illos támen*; ou bien encore quand elles sont employées comme adverbes : *illic sit ét minister meus*, *póst faciet*.

On leur donne également l'accent lorsqu'elles sont sépa-rées du reste de la phrase dont elles dépendent : *Quóniam*, *cum adhuc peccatores essemus*..... *Si*, *dicente me*, *ad im-pium*....., et, à plus forte raison, lorsqu'elles représentent à elles seules tout un membre de phrase, comme *sed* dans le passage suivant : *et non dixit Jesus : Non moritur*;

séd : sic eum volo,..... ou comme *et* dans l'épître du jour de Noël : *ét : Tu in principio...*

2° Les pronoms et adverbes purement relatifs, comme *qui, quæ, quod, qualis, quantus, qualiter, ubi, unde,* etc.

Mais tous ces mots ont droit à l'accent, quand ils sont interrogatifs ou exclamatifs : *quís es tu? quém me esse dicunt? quántus tremor est futurus ; únde es tu?...* ou quand ils n'ont pas d'antécédent exprimé : *qui sequitur me..., quó ego vado, vos non potestis venire...,* ou enfin lorsque l'antécédent vient après eux dans la phrase : *quántum potes tantum aude..., úbi ego sum, illic sit et minister meus.*

Mots grecs. — Les mots grecs conservent l'accent qu'ils avaient dans leur langúe : *Kýrie eléison, eucharistía; homilía, prophetía, litaniæ, Antiochía, Alexandría, agonía, philosophía, theología, idololatría, platéa, sycómorum,* sont les plus fréquents dans la liturgie.

Mots hébreux. — Les mots hébreux, lorsqu'ils ne sont pas déclinés d'après les règles du latin, ont l'accent sur la dernière syllabe : *amén, Davíd, Sión, Jacób, Israél, Jerusalém, Abrahám.*

Quand on leur ajoute une terminaison latine, ils conservent l'accent sur la syllabe qui le portait dans leur langue : *Adámus, Joséphus, Jacóbus, Noémus.*

Le mot *Jésus* à tous ses cas porte l'accent sur la dernière syllabe, : *Jesús, Jesú, Jesúm.*

On accentue la pénultième dans *Ephráta, Magdaléne, Salóme, allelúia, Hosánna.*

Les mots en *ias* ont l'accent sur la pénultième : *Isaías, Jeremías, Zacharías.* On dit aussi *María,* nom propre.

2

ARTICLE II

SYLLABE NON ACCENTUÉE

Toutes les syllabes qui précèdent l'accent dans un mot, sont des syllabes communes, faibles et réputées brèves. Il en faut dire autant de celle qui suit l'accent placé sur l'antépénultième. Toutes ces syllabes *non accentuées* ont une allure libre : elles sont brèves, mais inégales, et leur valeur dépend du nombre et de la qualité des lettres qui les composent. Elles ont plus ou moins de durée, selon que les consonnes, plus ou moins nombreuses, plus ou moins coulantes, rendent la prononciation plus ou moins rapide. Ainsi, les premières syllabes de *confirmáta ést* seront évidemment plus longues que celles de *misericórdia*, celles de *pertransísset* que celles de *dinumeravérunt*.

ARTICLE III

TEMPS VIDE

Tout mot accentué, même monosyllabe, est séparé du mot suivant par une tenue plus ou moins sensible de la voix sur la dernière syllabe : c'est ce que les grammairiens appellent un *temps vide, tempus vacans*. (Quint. *Inst. or.* IX, 4.) Ce temps vide, destiné à établir les divisions de la phrase grammaticale, consiste en une légère suspension, en une tenue faible et obscure de la voix sur la dernière syllabe du mot.

Cette tenue qui rend la syllabe finale longue par position, est si naturelle qu'on la fait, pour ainsi dire, malgré soi et sans y penser. Mais il faut éviter deux excès : l'un, d'allonger la dernière syllabe d'une manière affectée, ou, ce qui serait pire encore, de la renforcer; l'autre d'étouffer entièrement cette dernière syllabe, ou de l'écourter en la rejetant contre le mot suivant.

La durée du temps vide se mesure sur l'importance des

divisions de la phrase. Or, la lecture d'un texte, d'après
Gui d'Arezzo (Microlo. cap. XV), se divise en *syllabes musicales, neumes* et *distinctions,* c'est-à-dire en mots, en
membres de phrase et en phrases.

1° La syllabe musicale est la plus petite des divisions
de la phrase : elle est formée de tout mot accentué auquel on adjoint, s'il y a lieu, la conjonction ou le relatif qui
précède, ou bien la préposition dont il est le complément.

> *Sicut érat — in princípio,*
> *Et núnc, — et sémper,*
> *Et in sǽcula — sæculórum. — Amén.*
> *Déus, — qui nóbis*
> *Sub sacraménto — mirábili...*

Après la syllabe musicale, la durée du temps vide est
peu sensible, *tenor quantuluscumque :* il suffit que l'auditeur s'aperçoive qu'il y a deux mots distincts.

2° Le *neume,* ou membre de phrase, comprend deux ou
plusieurs syllabes musicales, c'est-à-dire plusieurs mots
accentués qui ont entre eux, par le sens, une relation
très-intime ; ici le temps vide sera plus considérable, *tenor
amplior.*

> *Páter nóster,*
> *qui és in cælis,*
> *sanctificétur nómen túum,*
> *advéniat régnum túum...*
> *et ne nós indúcas in tentatiónem,*
> *sed líbera nós a málo.*

3° La *distinction* n'est autre chose que la phrase elle-
même, après laquelle doit toujours se faire la pause de
respiration. La fin des distinctions est marquée par un
temps vide beaucoup plus considérable, *tenor amplissimus
et congruus respirationis locus.*

Il faut observer ici que les divisions des mots et les

coupures de phrases sont d'autant moins sensibles que le mouvement général du chant est plus rapide. Dans la simple lecture, ces divisions, surtout celles des mots, existent sans être très-appréciables.

Tels sont les éléments qui constituent le rhythme de la prose latine. De leur combinaison harmonieuse résultent, dans la lecture du latin, cette correction qui fait que l'auditeur comprend sans effort le sens des paroles, et cette grâce, cette délicatesse qui charme l'oreille et qui est, à elle seule déjà, une véritable mélodie : *est, etiam in dicendo, cantus.*

Maintenant il est facile de comprendre la règle à laquelle nous avons dit qu'étaient soumis les chants syllabiques.

La note n'a point de valeur par elle-même ; elle indique simplement l'intonation, c'est-à-dire le son juste qui convient à la syllabe ; mais c'est de la syllabe qu'elle emprunte sa valeur : en sorte qu'elle sera forte, éclatante, si la syllabe correspondante est une accentuée ; faible et brève, si la syllabe est une syllabe commune ; faible mais longue, si la syllabe est une finale.

Ainsi donc, le mouvement, le rhythme propre aux chants syllabiques est absolument celui de la prose latine, avec ses alternatives de syllabes accentuées, de syllabes non accentuées et de temps vides. Le mérite principal, dans ces sortes de chants, consiste à bien marquer les divisions de la phrase et à bien faire ressortir l'accent. Ce dernier point est essentiel, parce que de l'observation de l'accent résulte au plus haut degré l'intelligence du texte : *accentus non negligatur, quia exinde permaxime redolet intellectus.* (Instituta Patrum de modo psallendi.)

Dans l'édition de Reims, on a indiqué par deux espèces de barres quelques-unes des divisions du discours. Généralement la grande barre annonce la fin des distinctions, c'est-à-dire des phrases après lesquelles il faut respirer.

Au commencement de chaque morceau, on voit aussi, dans l'édition de Reims, une grande barre précédée d'une note seule. Cette note fait connaître la dominante du mode, et la barre qui la suit a pour but d'isoler cette note du chant dont elle ne fait pas partie.

La petite barre divise entre eux les neumes, ou membres de la phrase, et quelquefois les syllabes musicales. Mais plus communément la séparation des syllabes musicales n'est indiquée par aucun signe d'écriture : c'est à celui qui chante de suppléer à l'insuffisance des signes, chose facile dans le chant syllabique, où l'on doit suivre les lois de la lecture. Le sens des paroles, le plus ou moins d'entraînement de la phrase musicale, le goût naturel seront toujours des guides plus sûrs que des signes graphiques au moyen desquels on ne saurait jamais traduire aux yeux toutes les nuances de la lecture, de la déclamation et du chant.

Il est peu de morceaux, parmi les chants syllabiques, où l'on ne rencontre çà et là plusieurs notes sur la même syllabe. Ces groupes n'enlèvent point au chant son caractère de récitatif : nous verrons au chapitre suivant comment il faut les exécuter.

CHAPITRE II

CHANT MÉLODIQUE

Le CHANT MÉLODIQUE est celui dans lequel on rencontre plusieurs notes sur la même syllabe du texte.

Le chant mélodique se divise, comme le chant syllabique, en syllabes musicales, neumes et distinctions; et ces divisions se marquent dans l'exécution par le temps vide, c'est-à-dire par une tenue plus ou moins sensible de la voix sur la note finale.

Pour déterminer ces divisions dans le chant syllabique, il suffit, comme nous l'avons établi, de suivre les lois d'une bonne lecture, et d'observer le partage naturel du texte en mots, en membres de phrase et en phrases. Il en est souvent ainsi dans le chant mélodique : c'est lorsqu'à la même syllabe du texte répond un groupe de deux ou trois notes seulement. Alors, comme dans le chant syllabique, les divisions de la phrase grammaticale sont aussi celles de la phrase musicale : la syllabe musicale se termine avec le mot, le neume avec le membre de phrase, la distinction avec la phrase complète. Ex.

Mais quand il se rencontre sur la même syllabe du texte une série de notes plus nombreuses, il faut ordinairement diviser cette série de notes en plusieurs groupes. Nous dirons bientôt comment on peut reconnaître ces divisions propres au chant mélodique; posons d'abord deux principes :

Premier principe. Quels que soient le nombre et la forme des notes, il faut avant tout, dans le chant mélodique comme dans le chant syllabique, avoir égard au sens des paroles. C'est pourquoi l'on évitera soigneusement soit d'isoler les syllabes appartenant au même mot, soit d'unir ou de séparer les mots contrairement au sens.

Second principe. Ce qui détermine la valeur des notes, ce n'est pas la forme qu'elles ont dans les livres, mais leur position dans la phrase musicale. Chacune d'elles aura la force et la durée qui lui conviennent si l'on s'applique à bien phraser le chant, c'est-à-dire à lier ensemble les notes qui composent une même syllabe musicale, et à marquer, au moyen du temps vide et des pauses, la division des syllabes musicales, des neumes et des distinctions.

Remarque. — Nous disons que la valeur des notes n'est pas déterminée par leur forme. Il faut cependant excepter, dans l'édition de Reims, la note maxime ▰ . Ce signe d'écriture représente un groupe qui était anciennement de deux, trois, quatre, et quelquefois cinq notes. Dans l'impossibilité de distinguer à chaque fois le nombre des notes ainsi représentées, on exécutera toujours la maxime comme équivalant à deux notes ordinaires.

De ces principes découlent, comme conséquences naturelles, les règles particulières qui suivent.

Règle 1. — La note qui précède immédiatement une syllabe dans un mot commencé ne pourra jamais être suivie d'un temps vide, ni d'une pause de respiration. Cette note, en effet, ne termine ni une distinction, ni un neume, ni même une syllabe musicale.

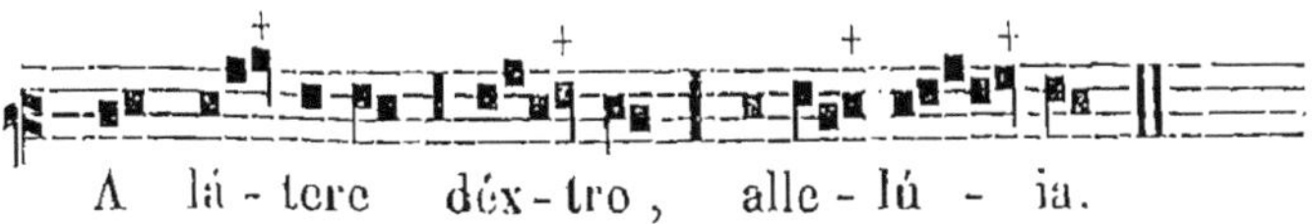

Té Dé - um lau-dá-mus.
Et Spi- rí-tu-i
sancto.
á-nimas ómni-um fidé - li-um.
Sáncta Ma-rí - a... jú - va pu-síl-la-nimes...
inter-cé - de pro de-vó-to...
Pa-rá- cli-tus.
Pé-trus a- pó-sto-lus.
A - ve vérum.
Sál-ve.
Regína cœ-li.
Ha-bé-mus ad Dó-minum.
A - ve.
A só-lis ór-tus cár-dine.
Agnus Dé - i.
A - mén.
E - lé - i-son.

Règle II. — Tout mot accentué doit avoir le temps vide
sur sa dernière note; car, dans le chant mélodique comme
dans le chant syllabique, avec le mot accentué finit toujours une syllabe musicale, un neume ou une distinction.

Règle III. — Les notes placées sur une même syllabe du
texte forment quelquefois plusieurs syllabes musicales,
qu'il faut distinguer les unes des autres en les faisant suivre
du temps vide.

Ces divisions, qui se trouvent clairement indiquées dans
la notation antérieure au seizième siècle, ont disparu, en
tout ou en partie, dans les éditions modernes, même
celle de Reims. Néanmoins on pourra les reconnaître
assez facilement à l'aide des principes qui suivent; et si
l'on n'arrive pas toujours à reproduire exactement les
groupes traditionnels, on conservera du moins au chant
grégorien sa physionomie générale, la forme et le mouvement qui lui conviennent.

1° Dans les livres de Reims, une barre qui divise une

série de notes appartenant à la même syllabe du texte
peut être considérée comme indiquant, soit la fin d'une
syllabe musicale, soit même la fin d'un neume lorsque la
mélodie exige un repos plus marqué.

2° Au milieu d'une série ascendante, on peut considérer
la note caudée des livres de Reims comme indiquant la fin
d'une syllabe musicale.

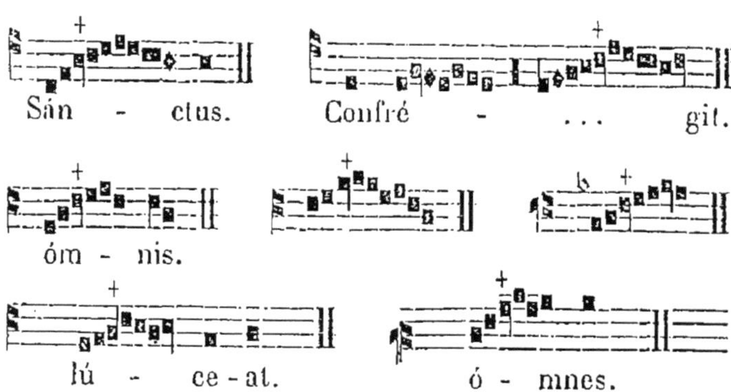

3° En dehors des cas dont nous venons de parler, les syllabes musicales finissent ordinairement sur les notes inférieures :

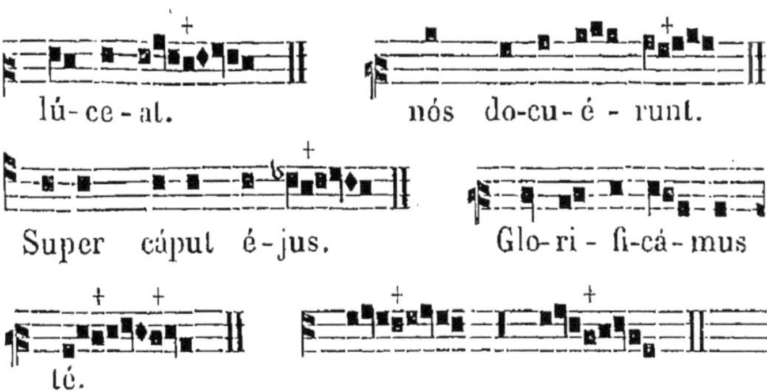

Mais quand la note inférieure est l'avant-dernière du groupe, elle ne termine pas une syllabe musicale :

On ne divise pas non plus les groupes de quatre notes qui représentent comme la répercussion du même mouvement :

4° Quelquefois la première note d'un groupe termine une syllabe musicale, comme dans les exemples suivants :

Alors les autres notes du groupe se détachent naturellement de cette première pour former une syllabe musicale distincte, et d'autant plus distincte que ces notes sont plus nombreuses.

Remarque. — Nous avons dit que les notes d'une même syllabe musicale doivent être intimement liées ensemble ; néanmoins, dans les séries ascendantes et descendantes qui comprennent plus de trois sons, il est souvent nécessaire de les subdiviser par la reprise du mouvement de la voix. Ainsi une série ascendante se divise en groupes binaires, c'est-à-dire que la voix, en montant, lie les sons deux par deux, mais sans faire le temps vide après chaque groupe.

Lorsque les notes sont en nombre impair, on fait en
sorte de ne pas isoler celle qui précède immédiatement
une syllabe dans un mot commencé. Ainsi, au lieu de :

On chantera en liant ensemble les trois premières notes
de la série :

Pareille subdivision peut se faire dans les groupes des-
cendants.

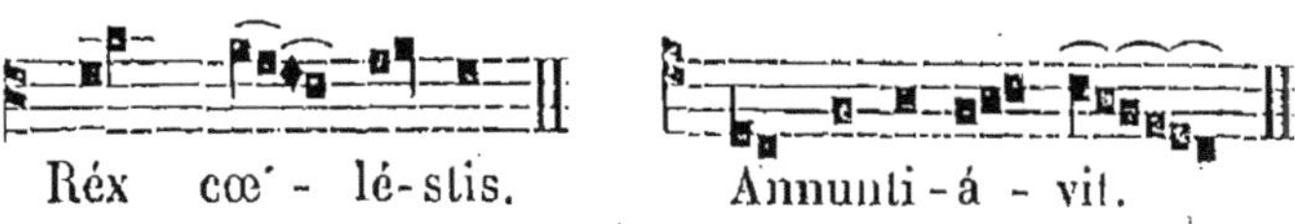

CHAPITRE III

DE LA PSALMODIE

La PSALMODIE est le chant alternatif des psaumes et des
cantiques tirés de la Sainte Écriture.

De tous les chants liturgiques, il n'en est pas qui occupe
une plus large place dans les offices de l'Eglise, ni qui soit
plus populaire. C'est dire quelle importance s'attache à la

Psalmodie, c'est dire aussi avec quelle attention il faut en étudier les règles.

Le caractère spécial de la Psalmodie est une grande simplicité qui n'exclut pas une certaine variété. En effet, le chant y roule le plus souvent sur une seule note, laquelle est d'ordinaire la dominante du mode : la partie des versets ainsi chantée s'appelle *teneur*. Le milieu, la fin, et, dans certains cas, le commencement des versets, bien que présentant une plus grande variété de notes, se jouent néanmoins dans des intervalles assez rapprochés les uns des autres pour que le caractère de simplicité propre à la Psalmodie n'en subisse aucune altération.

On appelle *Intonation* la petite phrase musicale du commencement des versets, *Médiation*, celle du milieu, et *Terminaison*, celle de la fin.

La première loi qui s'impose dans le chant des psaumes, c'est l'observation de l'accent. A l'intonation, et surtout à la médiation et à la terminaison, il arrive souvent que l'accent qui, de sa nature, tend à monter, correspond à une note d'abaissement, tandis qu'une syllabe brève, faible, correspond à une note d'élévation : de là une sorte d'antagonisme entre le texte et la musique. Il s'agit donc d'adapter les notes aux paroles et les paroles aux notes de manière à sauvegarder, autant qu'il est possible, *in quantum suppetit facultas* (Inst. Patr.), les droits de la grammaire et ceux de la mélodie. C'est ce que nous allons faire, en exposant les règles traditionnelles de la Psalmodie.

Nous parlerons : 1º de l'INTONATION; 2º de la MÉDIATION et de la TERMINAISON; 3º des CANTIQUES ÉVANGÉLIQUES; 4º des VERSETS INCOMPLETS.

ARTICLE 1

INTONATION

RÈGLE. — L'intonation se fait sur les premières syllabe du verset, accentuées ou non accentuées, sans distinction.

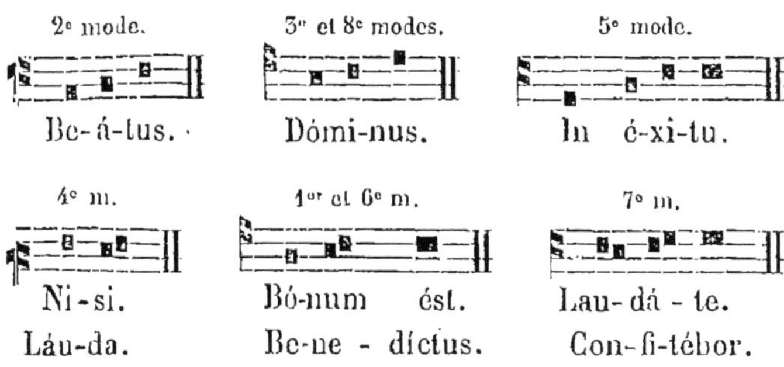

Cependant il est d'usage de ne pas placer sur une pénultième brève un groupe de notes liées ensemble. Ainsi, au lieu de dire :

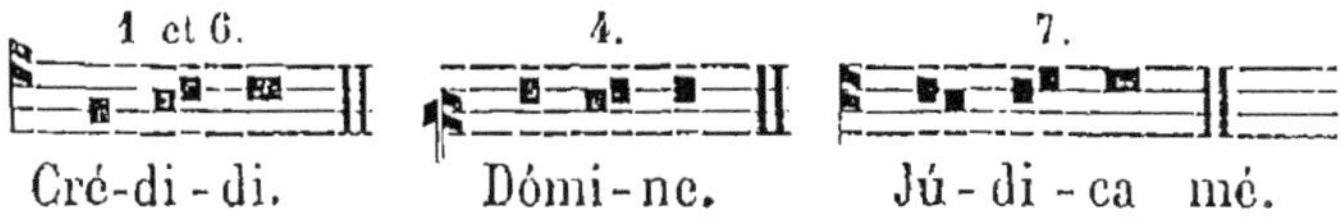

on chantera, en reportant le groupe sur la syllabe qui suit la pénultième brève :

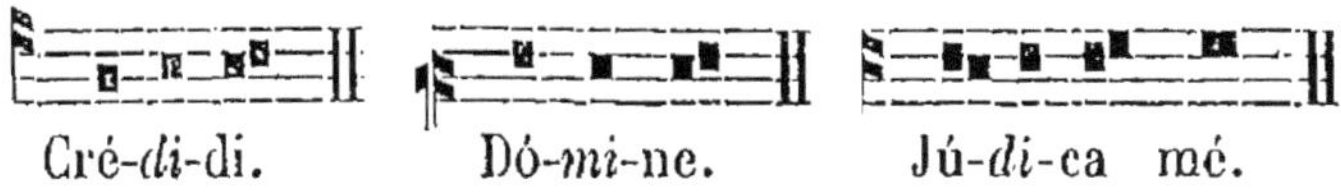

Dans ce cas, la pénultième brève, qui est superflue et se nomme *survenante*, nécessite l'introduction d'une note supplémentaire qui se place sur le degré occupé par la première note du groupe suivant.

ARTICLE II

MÉDIATION ET TERMINAISON

RÈGLE. — Pour appliquer le texte à la mélodie, on prend autant de syllabes qu'il y a de notes, ou de groupes de notes, à la médiation ou à la terminaison.

MÉDIATIONS.

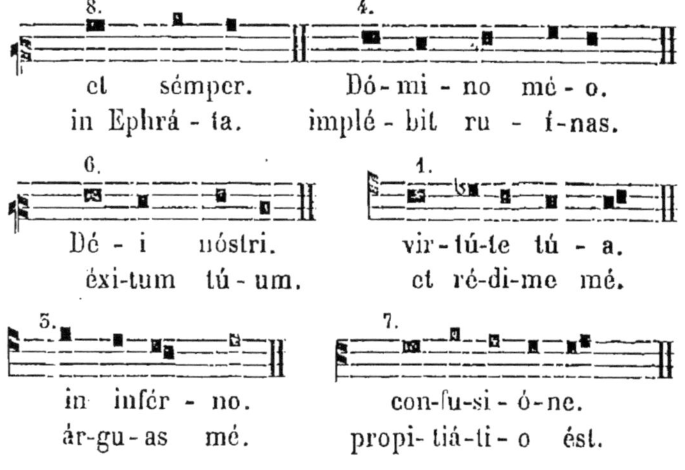

TERMINAISONS.

1re EXCEPTION. — Lorsque l'avant-dernière syllabe n'a pas l'accent, et qu'elle est précédée d'une accentuée, elle ne compte pas et devient survenante.

MÉDIATIONS.

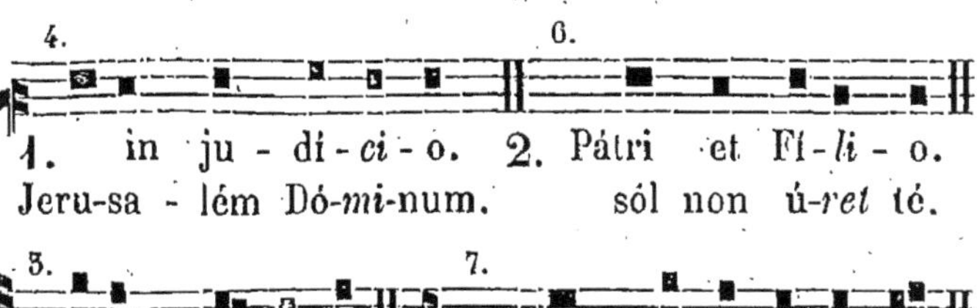

TERMINAISONS.

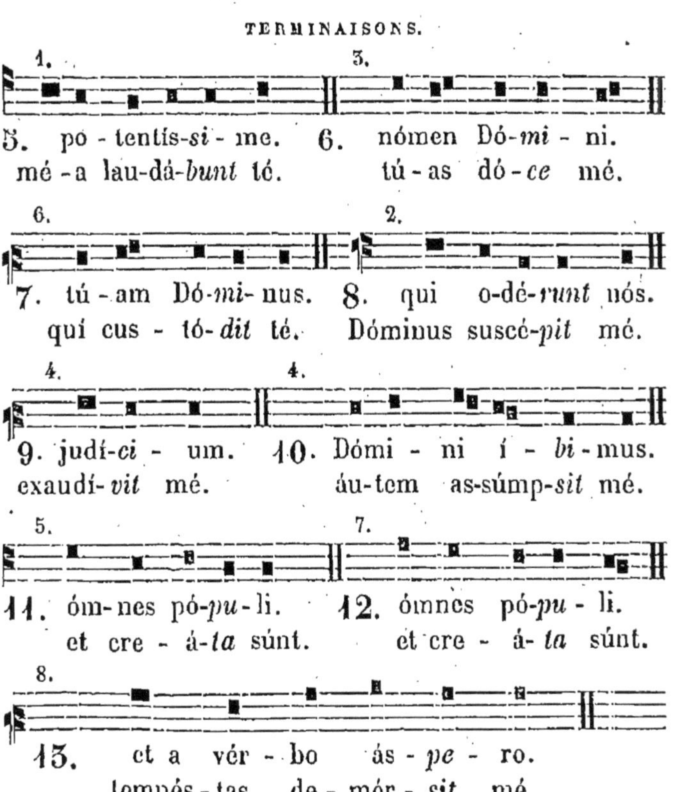

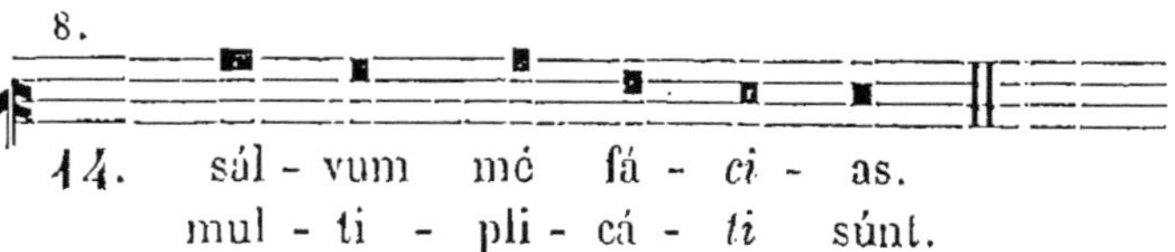

Remarque. — Les mots hébreux de plus de deux syllabes sont ici traités comme s'ils avaient l'antépénultième accentuée. On traite aussi comme accentuées les prépositions polysyllabiques.

MÉDIATIONS.

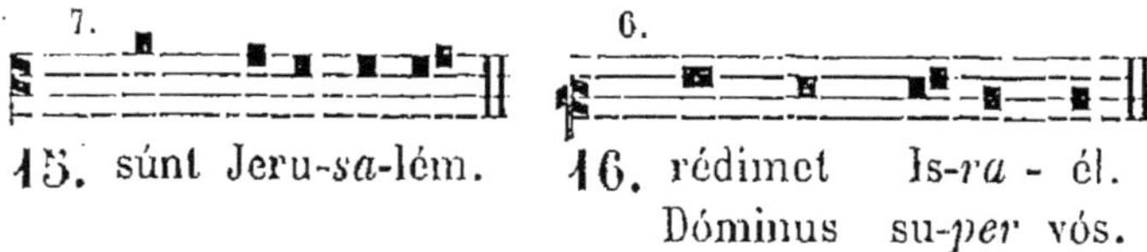

TERMINAISONS.

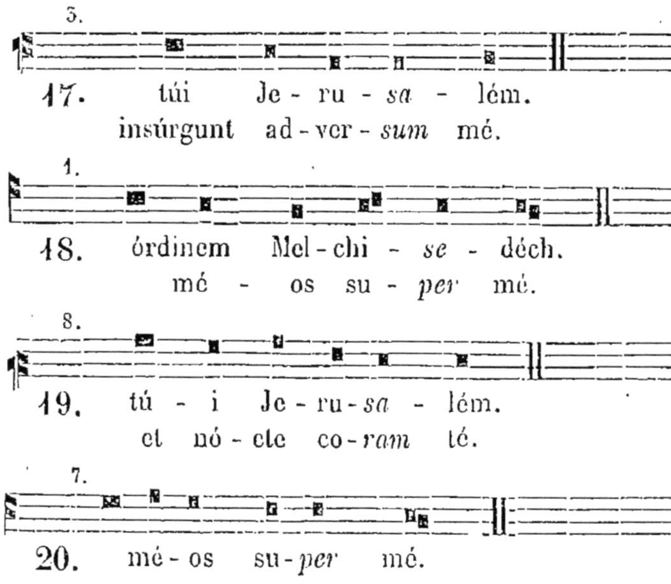

La survenante qui précède la dernière syllabe se rejette sur le degré de la note qui suit : ex., 1, 2, 7, 9, 10, 11, 13, 14, 16, 18, 19. Mais elle reste sur le degré de la note précédente, si la mélodie se termine par un groupe précédé d'une note simple : ex., 6, 12, 20 ; ou par une note simple plus élevée que la précédente : ex., 3, 5, 8.

11ᵉ EXCEPTION. — Quand la médiation ou la terminaison commence par sa note la plus élevée au-dessus de la teneur, on évite de placer sous cette note culminante une syllabe finale, ainsi qu'une pénultième brève.

Cette exception s'applique également à la note culminante de la médiation dans le chant propre au psaume *In exitu* des dimanches ordinaires.

MÉDIATIONS.

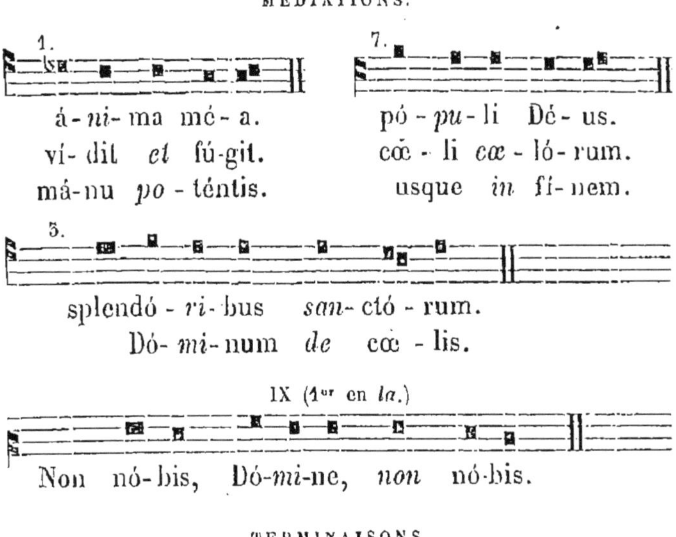

TERMINAISONS.

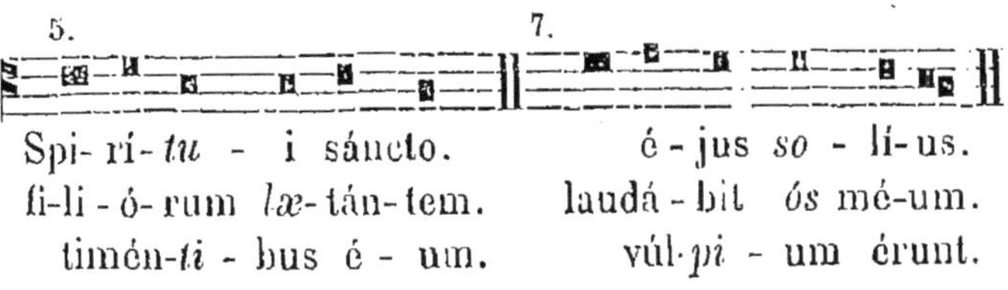

5.

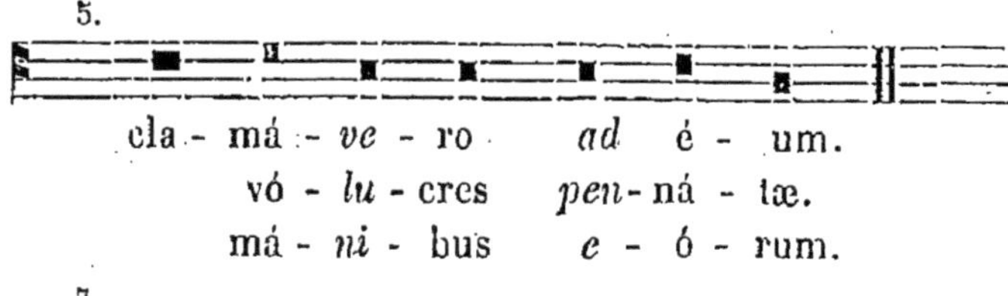

7.

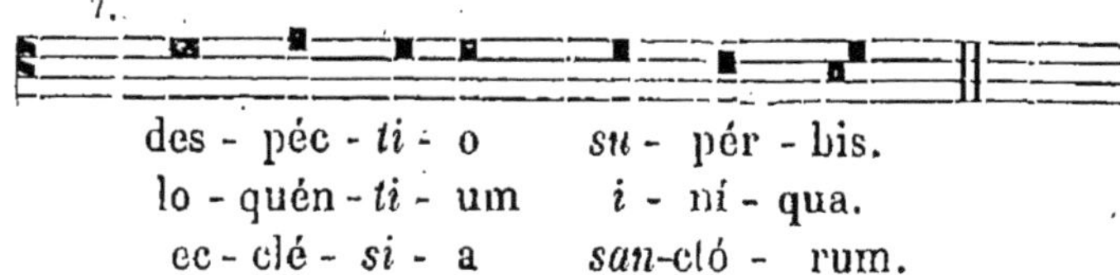

Mais on dira très-bien, en plaçant sous la culminante une syllabe finale accentuée :

1 Méd.   7 Term.

Les survenantes amenées ici par l'anticipation se placent toujours sur le degré de la note qui suit la culminante.

Pour mieux faire comprendre encore ces deux premières exceptions, nous donnons ici d'autres exemples où elles sont appliquées simultanément.

MÉDIATIONS.

5.

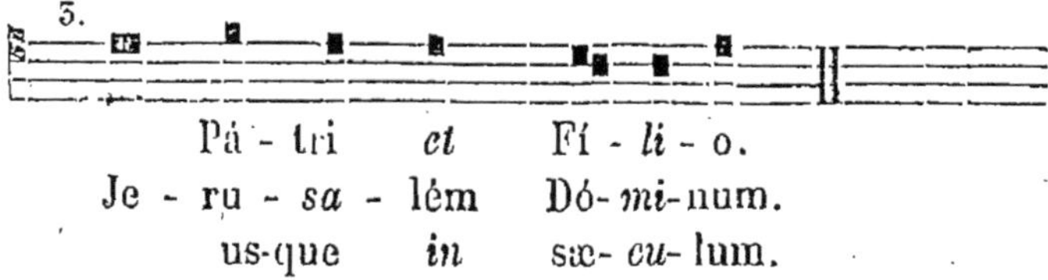

On traite comme prosodiquement brève la pénultième des mots hébreux de plus de deux syllabes qui ont l'accent final.

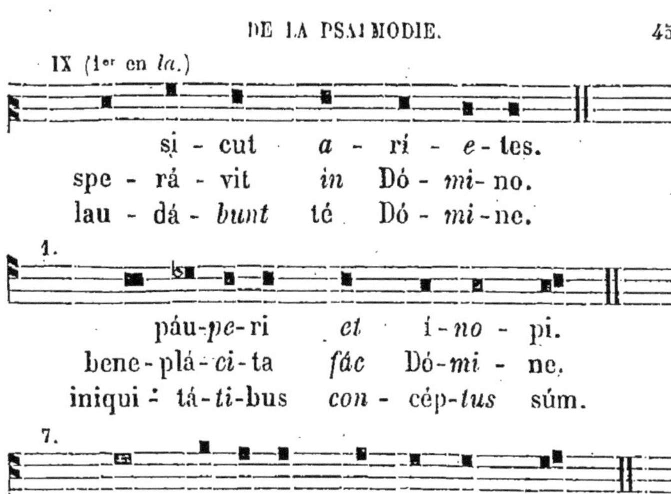

TERMINAISONS.

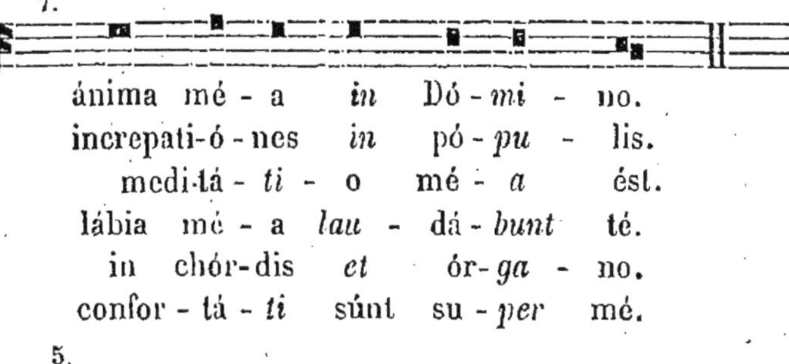

IIIe EXCEPTION. — La pénultième brève ne peut être placée sous un groupe, ni sous une note simple plus élevée à la fois et que la note qui précède et que celle qui suit.

Cette pénultième devient alors survenante, et l'on anticipe sur la syllabe qui précède. Ainsi on ne dira pas :

TERMINAISONS.

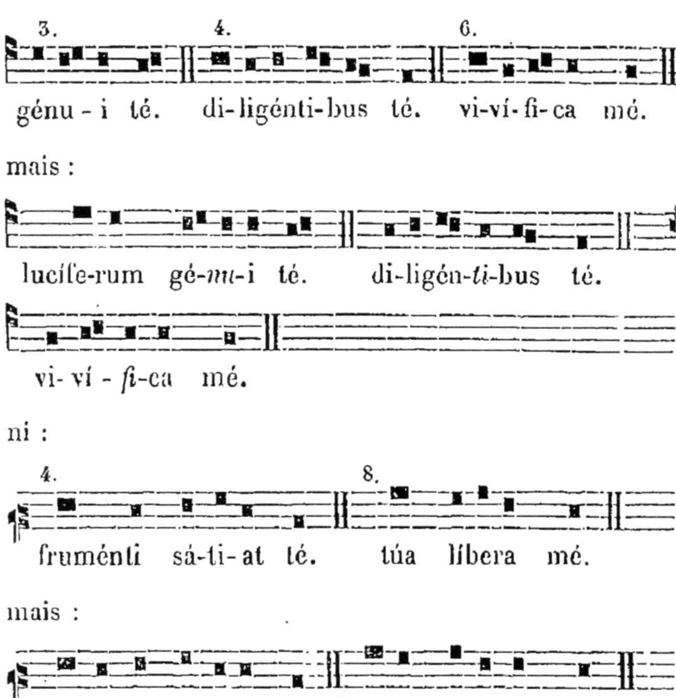

MÉDIATIONS ROMPUES. — A la médiation des 2e, 4e, 5e et 8e modes, lorsque la dernière syllabe est accentuée, elle se place sous la note la plus élevée. Alors la phrase musicale ordinaire est suspendue et comme tronquée : c'est ce qu'on appelle *médiation rompue*.

Nota. — Les médiations rompues ne sont pas le seul exemple de l'influence exercée sur la mélodie par l'accent final. Ainsi : 1° Les versicules des *mémoires* à Laudes et à Vêpres, des prières à Complies, etc., au lieu de se terminer par une chute de *ut* sur *la*, abaissent leur avant-dernière syllabe sur le *la* pour relever avec plus d'énergie l'accent final sur l'*ut* :

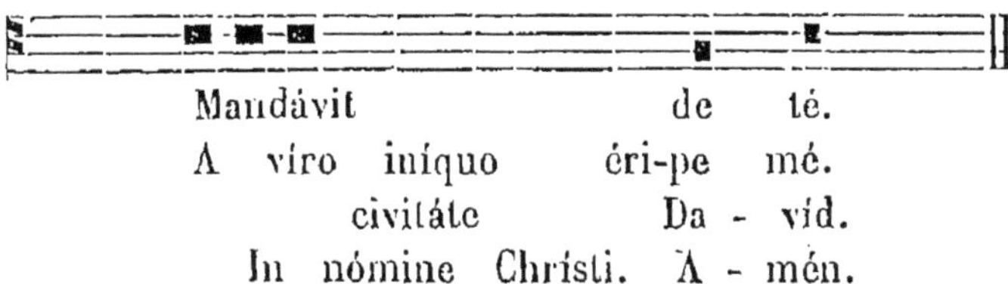

2° Les Capitules laissent complétement de côté la petite phrase musicale ordinaire qui les termine, pour suivre la règle des versicules :

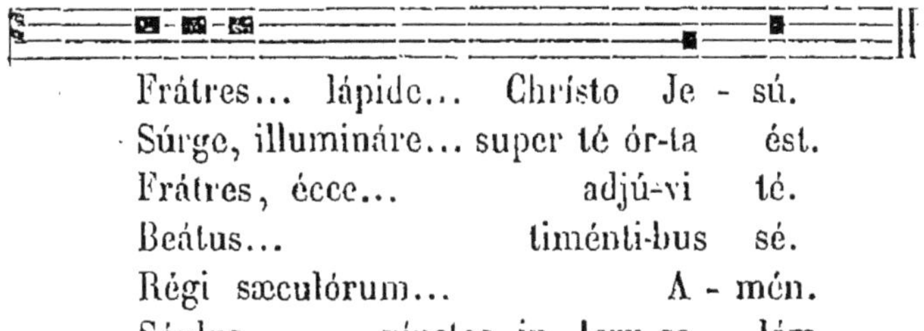

Il en est de même devant le point, dans les leçons de l'Office, le martyrologe, les prophéties :

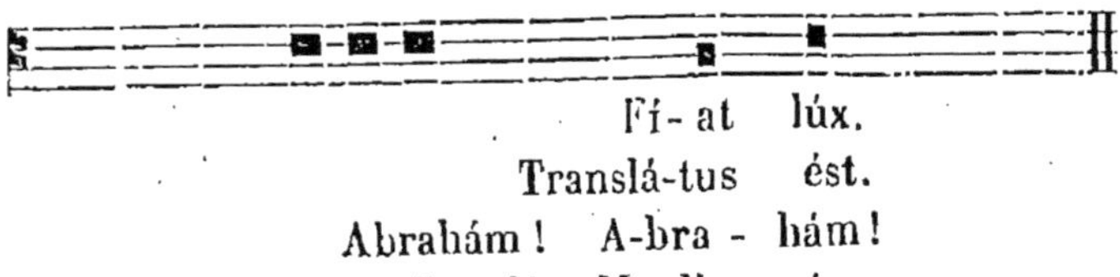

3° Dans les litanies des Saints, on termine sur le *ré*, et non sur le *si*, les noms propres *Michaél, Gabriél, Raphaél, Joséph.*

ARTICLE III

CANTIQUES ÉVANGÉLIQUES *MAGNIFICAT* ET *BENEDICTUS*

Ces deux cantiques sont soumis aux mêmes règles que les psaumes en ce qui concerne l'application des paroles aux notes.

Aux fêtes solennelles, les 2e et 8e modes ont une intonation et une médiation plus ornées ; le 1er mode a également une médiation spéciale. Ces intonations et médiations suivent aussi les règles communes. Observons toutefois que le deuxième groupe de la médiation, lequel renferme la première note culminante, ne peut recevoir ni une syllabe finale, ni une pénultième brève : il faut en dire autant du premier groupe, à la médiation du 7e mode.

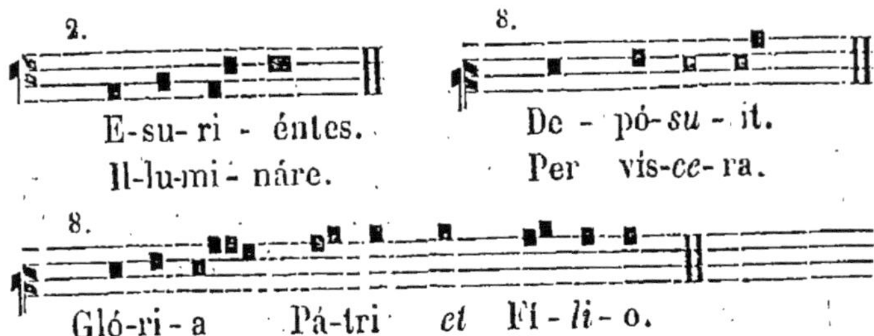

ARTICLE IV

VERSETS INCOMPLETS

Dans le chant des psaumes et des cantiques, lorsqu'un hémistiche n'a pas assez de syllabes pour la teneur et la médiation ou la terminaison, on omet la teneur :

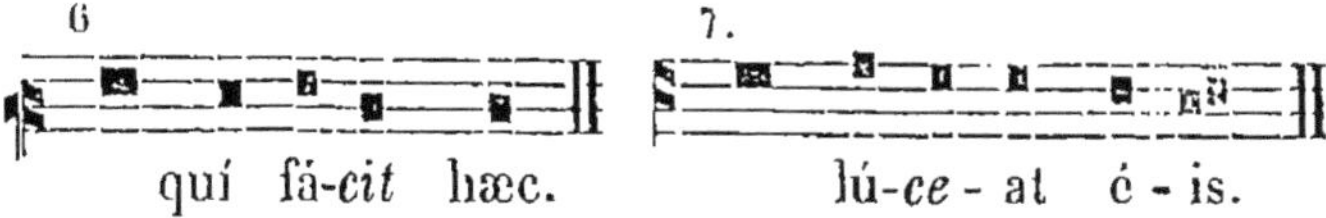

Quand les syllabes ne sont pas assez nombreuses pour que la médiation ou la terminaison soient complètes, on les applique aux dernières notes, en suivant les règles générales :

Le premier hémistiche du verset *Magnificat* est noté dans les livres de chœur.

Les règles données ici sont celles que nous voyons communément appliquées dans les livres de chant, depuis le treizième siècle jusqu'au dix-septième, et même on peut dire jusqu'au dix-neuvième. Elles ne contredisent en rien ce que nous lisons, au sujet de la psalmodie, dans l'*Instituta Patrum*. Quand l'accent du texte et la phrase mélodique peuvent s'accorder, on les fait marcher de pair : *si convenerint in unum accentus et melodia, communiter deponántur*. Quand cet accord devient impossible, on ne s'inquiète plus que de la mélodie : *sin autem, juxta melodiam toni cantus sive psalmi terminentur*. Voilà le principe formulé par les anciens ; la manière dont ils l'appliquaient nous est révélée par leurs livres de chant, interprètes naturels de leur théorie.

On aura donc soin, en chantant sur l'édition rémo-cambraisienne, de corriger les quelques versets notés où les paroles sont appliquées contrairement aux règles précédentes, par exemple, au *Benedicite* des Laudes de Noël, au 5ᵉ psaume des Laudes des Morts, etc.

CHAPITRE IV

DU CHANT DES HYMNES ET DES PROSES

Les éditeurs de Reims refusent aux Hymnes et aux Proses liturgiques toute mesure musicale, et n'assignent aucune règle particulière pour l'exécution de ces mélodies. D'après eux, hymnes et proses doivent être chantées suivant les règles communes du plain-chant.

Ce système trop absolu irait à détruire le caractère propre d'un certain nombre d'hymnes qui évidemment ont été composées pour être mesurées à deux ou à trois temps : telles sont, entre autres, *Ut queant laxis* qui est à deux temps, *Creator alme siderum* qui réclame la mesure ternaire. Ces sortes de mélodies, sous le rapport du rhythme, appartiennent à la musique et ne tiennent au plain-chant que par la tonalité.

On peut diviser les hymnes et les proses en deux catégories. Les unes ont un rhythme libre et ne sont pas mesurées ; les autres s'exécutent suivant les lois d'une mesure rigoureuse.

Hymnes non mesurées. — Ces mélodies ont le rhythme prosaïque, c'est-à-dire qu'elles suivent absolument les règles du plain-chant ordinaire, comme *Veni Creator*, les deux *Pange lingua*, *Ave maris stella*, *Exultet orbis gaudiis*, etc. ; les proses *Lauda Sion*, *Dies iræ*, *Victimæ paschali*. Observons seulement que, par égard pour la symétrie, on doit faire une pause après chaque vers, quand même le sens serait inachevé ; dans les hymnes qui ont une cadence au milieu du vers, comme *Sacris solemniis*, *Sanctorum meritis*, etc., on marque cette cadence, mais par une pause moins sensible que celle de la fin.

Hymnes mesurées. — Ces mélodies ont le rhythme poétique, et se mesurent à deux ou à trois temps. Les éditeurs de Reims ont adopté, pour le chant des hymnes et des proses, une version qui gêne parfois la marche régulière de la mesure. Mais le plus souvent il est facile de plier la notation aux exigences du rhythme binaire ou ternaire.

Comme exemples d'hymnes à deux temps, nous citerons : *Ut queant laxis*, les deux *Iste confessor*, *Sæpe dum Christi*, *Christe sanctorum*, et toutes les autres hymnes qui auraient la même mélodie.

Comme exemples de mélodies à trois temps, nous citerons : *Creator alme siderum* de l'Avent, *Pater superni lu-*

minis de sainte Marie-Magdeleine, et la prose *Veni sancte spiritus.*

Dans les exemples suivants, la double carrée vaut deux temps, la carrée un temps, et la losange un demi-temps. Les barres indiquent les mesures à compter. La première note de chaque mesure a le temps fort et veut être frappée avec plus d'énergie.

Il y a, en outre, un certain nombre d'hymnes syllabiques qui ne suivent ni la mesure musicale, ni les règles du plain-chant ordinaire. Les vers de ces hymnes sont, comme dans plusieurs de celles qui précèdent, des ïambiques-dimètres, c'est-à-dire composés de quatre ïambes dont le premier et le troisième peuvent être remplacés par un spondée. A cette classe appartiennent les airs suivants : celui des hymnes de Complies et des petites heures, les dimanches ordinaires et les jours de féries ; celui des vêpres des féries, le samedi excepté ; celui de l'hymne *Ad regias.*

Ces hymnes se lisent et se chantent avec alternation de temps faibles et de temps forts, les temps faibles sur les syllabes impaires, et les temps forts sur les syllabes de nombre pair. Chaque vers est suivi d'un temps vide.

Dans quelques-unes de ces hymnes, on trouve un surcroît de notes au troisième vers. Ces notes s'exécutent sans que le mouvement régulier subisse aucune altération, et ajoutent ainsi au troisième vers un, deux ou trois temps. (Voy. les hymnes de Complies et des petites heures, aux dimanches ordinaires ; les hymnes du temps pascal.)

Remarque. — On ajoute une note supplémentaire pour les syllabes soumises à l'élision, ainsi qu'au premier pied des vers ïambiques-dimètres, lorsqu'ils commencent par un anapeste, comme les suivants :

>Dĭgĭtŭs paternæ dexteræ,
>Prĕtĭŭm salutis sanguinem.
>Prĕtĭŭm pependit sæculi.
>Gălĭlææ ad alta montium.
>Hŏmĭnĭs superne conditor.
>Tĭbĭ mille densa millium.
>Mĭchăel salutis signifer.
>Ŏcŭlōs in altum tollite.
>Pŏpŭlĭque rex Judaici.

OBSERVATIONS

En général, le chant doit être animé et avoir un mouvement facile, léger, mais sans précipitation. Si, à cause de la solennité de l'office ou de la lenteur des cérémonies, on veut ralentir le chant, on le peut sans inconvénient, pourvu que l'on observe toujours les lois de la récitation et du rhythme. Ainsi :

1° On fera les accents plus forts, plus marqués, sans cependant suspendre le mouvement de la voix comme par un point d'orgue qui détacherait la note accentuée.

2° On fera les longues plus longues, en ayant soin de garder toujours les proportions convenables.

3° L'ensemble devra être plus soutenu : à cet effet, on donnera plus de voix, tout en évitant de chanter à pleine poitrine ; on se permettra de faire au besoin une véritable pause de respiration, là où il y aurait eu seulement pause sans respiration dans un chant plus vif. C'est ainsi qu'on peut ralentir, aux jours de grande fête, certains Kyrie, Offertoires, la Psalmodie, le *Magnificat*, pour laisser le temps de faire les encensements ; certaines hymnes aux processions ou aux saluts, le *Tantum ergo*, etc., etc., mais toujours sans lourdeur, et en compensant par l'animation ce qu'on perd en légèreté.

Les répons et les antiennes, même celles de la messe, c'est-à-dire les introïts et les communions, doivent avoir une marche vive.

Les graduels et les *Alleluia*, qui sont des morceaux à
effet, se règlent, dans leur mouvement, moins sur le degré
de la fête que sur le caractère plus ou moins entraînant
de la mélodie.

Les traits doivent être rapides, légers, accentués.

Que toutes ces règles soient observées sans affectation,
avec l'aisance et le naturel qui conviennent au discours et
à la lecture, et l'on verra qu'elles ont été combinées par
les anciens pour aider l'expression, non pour la gêner ;
pour exprimer l'enthousiasme, non pour le contraindre ;
pour donner au chant de l'ampleur, et non une précision
exagérée.

FIN.

TABLE DES MATIÈRES

PARIS — IMP. SIMON RAÇON ET COMP. RUE D'ERFURTH, 1.

9 782019 991913